Cachorros AMIGOS

CACHORROS DE Yorkshire terrier

David y Patricia Armentrout
Traducción de Sophia Barba-Heredia

Un libro de El Semillero de Crabtree

ÍNDICE

CRABTREE
Publishing Company
www.crabtreebooks.com

Apoyos de la escuela a los hogares para cuidadores y maestros

Este libro ayuda a los niños en su desarrollo al permitirles practicar la lectura. Abajo están algunas preguntas guía para ayudar al lector a fortalecer sus habilidades de comprensión. En rojo hay algunas opciones de respuesta.

Antes de leer:

- ¿De qué pienso que tratará este libro?
    - *Pienso que este libro es sobre cachorros de Yorkshire terrier.*
    - *Pienso que este libro me dirá si los cachorros de Yorkshire terrier son buenas mascotas.*
- ¿Qué quiero aprender sobre este tema?
    - *Quiero aprender cómo cuidar a un Yorkshire terrier.*
    - *Quiero aprender si a los Yorkshire terrier les gusta correr y jugar.*

Durante la lectura:

- Me pregunto por qué...
    - *Me pregunto por qué los cachorros de Yorkshire terrier no abren los ojos justo después de haber nacido.*
    - *Me pregunto por qué los cachorros de Yorkshire terrier son tan pequeños.*
- ¿Qué he aprendido hasta ahora?
    - *Aprendí que los cachorros recién nacidos de Yorkshire terrier pesan menos que una manzana.*
    - *Aprendí que los ojos de los cachorros de Yorkshire terrier se abren completamente a las cuatro semanas.*

Después de leer:

- ¿Qué detalles aprendí de este tema?
    - *Aprendí que a los cachorros de Yorkshire terrier les gusta hacer trucos.*
    - *Aprendí que los cachorros de Yorkshire terrier ladran cuando escuchan sonidos desconocidos.*
- Lee el libro una vez más y busca las palabras del vocabulario.
    - *Veo la palabra* ***miniatura*** *en la página 3 y la palabra* ***pelaje*** *en la página 11. Las demás palabras del glosario están en las páginas 22 y 23.*

Cachorros de yorkshire terrier

Los Yorkshire terrier son una **raza miniatura**.

¡Los cachorros recién nacidos pesan menos que una manzana!

Las mamás tienen de uno a cuatro cachorros en una **camada**.

Los ojos de los cachorros se abren por completo a las cuatro semanas.

La mayoría de los cachorros yorkie tienen **pelaje** negro y tostado.

Los yorkies son juguetones y **energéticos**.

Les gusta hacer trucos.

Los yorkies están siempre en guardia.

A menudo **ladran** cuando escuchan sonidos desconocidos.

¡Los yorkies son pequeños perros con grandes **personalidades**!

Glosario

camada: Una camada es un grupo de cachorros u otros animales nacidos al mismo tiempo de la misma madre.

energéticos: Energético significa fuerte y activo.

ladran: Que emiten el sonido que un perro hace.

pelaje: El pelaje es el suave y denso pelo o abrigo de un animal.

personalidades: Las personalidades son los rasgos y cualidades que nos hacen diferentes de los otros.

raza miniatura: Una raza miniatura es el tamaño más pequeño de las razas de animales.

Índice analítico

Sobre los autores

David y Patricia Armentrout

David y Patricia pasan todo el tiempo que pueden jugando con Gimli, Artie y Scarlett y cuidándolos. Son sus tres queridos perros de familia.

Sitios Web (páginas en inglés):

www.akc.org/dog-breeds/best-dogs-for-kids
www.goodhousekeeping.com/life/pets/g5138/best-family-dogs

CRABTREE Publishing Company

Written by: David and Patricia Armentrout
Designed by: Jennifer Dydyk
Editor: Kelli Hicks
Proofreader: Crystal Sikkens
Translation to Spanish: Sophia Barba-Heredia
Spanish-language layout and proofread: Base Tres
Print and production coordinator: Katherine Berti

Photo Credits: Cover: photo shutterstock.com/A StockStudio. background art shutterstock.com/ Dreamzdesigners. Pages 2-3: ©istock.com/Laures. Pages 4-5: ©shutterstock.com/Ekaterina Krivtsova. Pages 6-7: ©Ryhor Bruyeu | Dreamstime.com. Pages 8-9: ©shutterstock.com/Suponev Vladimir. Pages 10-11: ©Amy Lutz | Dreamstime.com. Pages 12-13: ©shutterstock.com/anetapics. Pages 14-15: ©shutterstock.com/alexkatkov. Pages 16-17: ©istock.com/tsik. Pages 18-19: ©shutterstock.com/seeshooteatrepeat. Pages 20-21: ©istock.com/CherylEDavis. Pages 22 bottom ©Dazb75 | Dreamstime.com, page 23 bottom shutterstock.com/otsphoto.

Library and Archives Canada Cataloguing in Publication
Title: Cachorros de yorkshire terrier / David y Patricia Armentrout ; traducción de Sophia Barba-Heredia.
Other titles: Yorkshire terrier puppies. Spanish
Names: Armentrout, David, 1962- author. | Armentrout, Patricia, 1960- author. | Barba-Heredia, Sophia, translator.
Description: Series statement: Cachorros amigos | Translation of: Yorkshire terrier puppies. | Includes index. | "Un libro de el semillero de Crabtree". | Text in Spanish.
Identifiers: Canadiana (print) 20210246669 |
Canadiana (ebook) 20210246677 |
ISBN 9781039619982 (hardcover) |
ISBN 9781039620049 (softcover) |
ISBN 9781039620100 (HTML) |
ISBN 9781039620162 (EPUB) |
ISBN 9781039620223 (read-along ebook)
Subjects: LCSH: Yorkshire terrier—Juvenile literature. | LCSH: Puppies—Juvenile literature.
Classification: LCC SF429.Y6 A7618 2022 | DDC j636.76—dc23

Library of Congress Cataloging-in-Publication Data
Names: Armentrout, David, 1962- author. | Armentrout, Patricia, 1960- author.
Title: Cachorros de yorkshire terrier / David y Patricia Armentrout ; traducción de Sophia Barba-Heredia.
Other titles: Yorkshire terrier puppies. Spanish
Description: New York, NY : Crabtree Publishing, [2022] | Series: Cachorros amigos - un libro el semillero de Crabtree | Includes index.
Identifiers: LCCN 2021027944 (print) |
LCCN 2021027945 (ebook) |
ISBN 9781039619982 (hardcover) |
ISBN 9781039620049 (paperback) |
ISBN 9781039620100 (ebook) |
ISBN 9781039620162 (epub) |
ISBN 9781039620223
Subjects: LCSH: Yorkshire terrier--Juvenile literature. | Puppies--Juvenile literature.
Classification: LCC SF429.Y6 A7618 2022 (print) | LCC SF429.Y6 (ebook) |
DDC 636.76--dc23
LC record available at https://lccn.loc.gov/2021027944
LC ebook record available at https://lccn.loc.gov/2021027945

Crabtree Publishing Company
www.crabtreebooks.com 1-800-387-7650

In Canada: We acknowledge the financial support of the Government of Canada through the Canada Book Fund for our publishing activities.

Published in the United States
Crabtree Publishing
347 Fifth Avenue, Suite 1402-145
New York, NY, 10016

Published in Canada
Crabtree Publishing
616 Welland Ave.
St. Catharines, Ontario L2M 5V6

Printed in the U.S.A./092021/CG20210616